¡Puedes Contar conmigo!

Joanne Mattern

Asesoras

Shelley Scudder
Maestra de educación de
estudiantes dotados
Broward County Schools

Caryn Williams, M.S.Ed.
Madison County Schools
Huntsville, AL

Créditos de publicación

Conni Medina, M.A.Ed., *Gerente editoriall*

Lee Aucoin, *Diseñadora de multimedia
principal*

Torrey Maloof, *Editora*

Marissa Rodriguez, *Diseñadora*

Stephanie Reid, *Editora de fotos*

Traducción de Santiago Ochoa

Rachelle Cracchiolo, M.S.Ed., *Editora
comercial*

Créditos de imágenes: Portada, pág. 1
Alamy; pág. 13 Corbis; pág. 9 Getty
Images; págs. 8, 11, 12, 14 (arriba), 22–23
iStockphoto; pág. 4 The Library of Congress
[LC-USW3-017677-E]; pág. 16 The Library of
Congress [LC-USZ62-136051]; pág. 18 The
Library of Congress [LC-DIG-ppmsca-04300];
pág. 26 The Library of Congress [LC-USW3-
042669-C]; pág. 10 Mike Kemp/Newscom;
pág. 25 Peter Mason Cultura/Newscom;
pág. 20 REUTERS/Newscom; págs. 17, 32
Spencer T Tucker/Newscom; pág. 7 The
Orange County Register/Newscom; pág. 21
ZUMAPRESS/Newscom; pág. 6 U.S. Army;
todas las demás imágenes pertenecen a
Shutterstock.

Teacher Created Materials
5301 Oceanus Drive
Huntington Beach, CA 92649-1030
http://www.tcmpub.com
ISBN 978-1-4938-0540-2

Índice

Estos niños de hace mucho tiempo están orgullosos de ser ciudadanos de Estados Unidos.

¿Qué son los ciudadanos?

Los **ciudadanos** son miembros de un país. Los ciudadanos de Estados Unidos tienen derechos. Tienen el poder de hacer lo que quieren. Tienen libertad. Pero también tienen responsabilidades. Estas son cosas que los ciudadanos deben hacer.

Haciéndose ciudadanos

Los niños nacidos en Estados Unidos son ciudadanos. ¡Los niños de otros países también pueden hacerse ciudadanos de Estados Unidos!

Estos niños no tienen el mismo aspecto, pero todos son ciudadanos estadounidenses.

Estados Unidos está formado por muchos ciudadanos. Los ciudadanos pueden tener aspectos e ideas diferentes. Esto hace que nuestro país sea tan especial.

Hay muchas cosas que se pueden hacer para ser un buen ciudadano. Se pueden seguir las reglas. Se pueden tomar buenas decisiones. Los buenos ciudadanos pueden elegir líderes fuertes. También pueden ayudar a personas necesitadas.

Los soldados son buenos ciudadanos. Mantienen a nuestro país seguro.

Los buenos ciudadanos quieren hacer de su país un gran lugar para vivir. Ayudan a mantenerlo limpio y seguro. Los buenos ciudadanos también están orgullosos de su país. Conocen sus **símbolos** y días festivos.

Estos niños recogen basura en una playa.

Reglas para vivir

Cada lugar tiene reglas. Las familias tienen reglas en el hogar. Los niños podrían tener que limpiar sus habitaciones o sacar la basura. Necesitan escuchar a sus padres. Deben tener buenos modales.

Esta niña limpia su cuarto.

Las escuelas también tienen reglas. Los estudiantes deben mostrar respeto por sus maestros. Pueden hacerlo levantando la mano antes de hablar. También deben ser buenos oyentes. Tienen que ser amables con sus compañeros de clase. Seguir las reglas ayuda a que las cosas funcionen sin problemas.

Estos niños de 1970 muestran respeto al levantar sus manos.

Hay reglas para nuestro país llamadas *leyes*. Los buenos ciudadanos siguen las leyes. Una ley dice que la gente no debería tirar basura al suelo. Los buenos ciudadanos ponen la basura en contenedores. Esto ayuda a mantener nuestro país limpio.

Esta niña recoge basura.

También hay leyes de **transporte**. Los autos tienen que parar en las señales de alto y en los semáforos en rojo. Las personas tienen que cruzar la calle en los cruces peatonales. Seguir estas leyes mantiene segura a la gente.

Las leyes ayudan a los estudiantes a cruzar la calle sin peligro.

Piensa un poco

Seguir las reglas puede ser difícil. Hacer lo correcto no siempre es fácil. Sin embargo, nuestros actos tienen **consecuencias**. Esto significa que nuestros actos afectan a otras personas.

Esta niña está triste a causa de los actos de otra persona.

Es una buena idea pensar antes de actuar. ¿Tus actos entristecerán a otra persona? ¿Le harán daño a alguien? ¿Esta elección tendrá consecuencias buenas o malas? Pensar así te ayudará a tomar buenas decisiones.

Esta niña recibió un premio por tomar buenas decisiones.

Las personas tienen problemas cuando toman malas decisiones. Si los niños no siguen las reglas del hogar, podrían ser enviados a sus cuartos. Si no siguen las reglas de la escuela, podrían ser enviados a la oficina del director.

Esta niña fue enviada a su cuarto.

A veces, los adultos tienen problemas por haber quebrantado las leyes. Los **castigos** para los adultos son diferentes. Es posible que tengan que pagar una **multa**. O pueden ir incluso a la cárcel.

Los adultos pueden ir a la cárcel cuando quebrantan las leyes.

Los padres están a cargo de esta familia.

La elección de líderes

¿Quién está a cargo de tu casa? Los adultos probablemente sean los líderes. Ellos hacen las reglas. También se aseguran de que todos las sigan.

Esta niña choca la mano con el alcalde de su ciudad.

Estados Unidos también tiene líderes. Un alcalde está a cargo de una ciudad. Un gobernador está a cargo de un estado. El presidente está a cargo del país. Estos líderes hacen leyes que les parecen justas. Hacen leyes que nos mantienen seguros.

¿Cómo puede un líder conseguir su trabajo? En Estados Unidos, los ciudadanos pueden elegir a sus líderes. **Votan** en **elecciones**. Las personas que quieren ser líderes son llamadas **candidatos**.

¿Puedo votar?

Tienes que ser ciudadano para votar. Todos los ciudadanos que tengan al menos 18 años pueden votar.

Esta mujer está siendo una buena ciudadana al votar.

Los candidatos dan discursos. Explican a la gente por qué debe votar por ellos. En el Día de las Elecciones, los ciudadanos pueden votar por el candidato que creen que será el mejor líder. Una parte de ser un buen ciudadano es votar en las elecciones.

Hillary Clinton pide a la gente que vote por ella en 2008.

Estos votantes celebran la victoria de su candidato.

Antes de votar, los buenos ciudadanos se informan sobre los candidatos. Necesitan saber los planes de los candidatos para el país. De esta manera, pueden hacer una elección inteligente.

¡Entran los votos!

Los niños también pueden votar por varias cosas. A veces, pueden votar por un presidente de la clase o incluso por una mascota de la clase.

Este niño vota en unas elecciones escolares.

La gente también vota por las leyes. Votar es la forma en la que los ciudadanos informan a sus líderes de lo que quieren. Votar es una de las mejores maneras para que los ciudadanos hagan oír su voz. Esto les permite elegir a sus líderes y sus leyes.

¡Amo a mi país!

Los buenos ciudadanos son **patrióticos**. Esto significa que están orgullosos de su país. Hay muchas maneras de ser patriótico. Puedes aprender sobre las personas que han hecho grande a nuestro país. Puedes respetar a tus líderes. Puedes ayudar a que nuestro país sea un mejor lugar para vivir.

Este niño ondea una bandera de Estados Unidos.

Tú también puedes ser patriótico de otras maneras. Puedes cantar canciones sobre nuestro país. Puedes ondear la bandera de nuestro país.

Juro

El Día de la Bandera es el 14 de junio. Es el cumpleaños de nuestra bandera. Puedes honrar la bandera recitando el Juramento de lealtad.

Los buenos ciudadanos conocen la historia de nuestro país. Conocen los símbolos. La bandera estadounidense es un símbolo de nuestro país. Las estrellas de la bandera representan a los 50 estados. El águila calva también es un símbolo de nuestro país. Representa la fuerza y la libertad de nuestro país.

Esta es un águila calva.

Los buenos ciudadanos también conocen los días festivos de nuestro país. El Cuatro de Julio honra la libertad de nuestro país. El Día de los Presidentes honra a las personas que han liderado nuestro país.

Esta niña celebra el Cuatro de Julio.

Sé un buen ciudadano

¡Tú también puedes ser un buen ciudadano! Puedes trabajar bien con los demás. Puedes ayudar a las personas necesitadas. Puedes seguir las reglas. Puedes hablar cuando creas que algo está mal. Puedes hacer lo correcto, aunque sea difícil.

Estos niños ayudan a plantar un jardín.

Los buenos ciudadanos hacen que su país sea el mejor posible. No tienes que ser mayor de edad para ser un buen ciudadano. ¿Qué harás para que nuestro país sea mejor?

Este niño ayuda a un anciano a caminar.

¡Cántala!

Los buenos ciudadanos son patrióticos. Están orgullosos de su país. Una forma de ser patriótico es cantar canciones sobre tu país. Aprende la canción de la siguiente página y cántala a tus amigos. ¡Ser un buen ciudadano puede ser divertido!

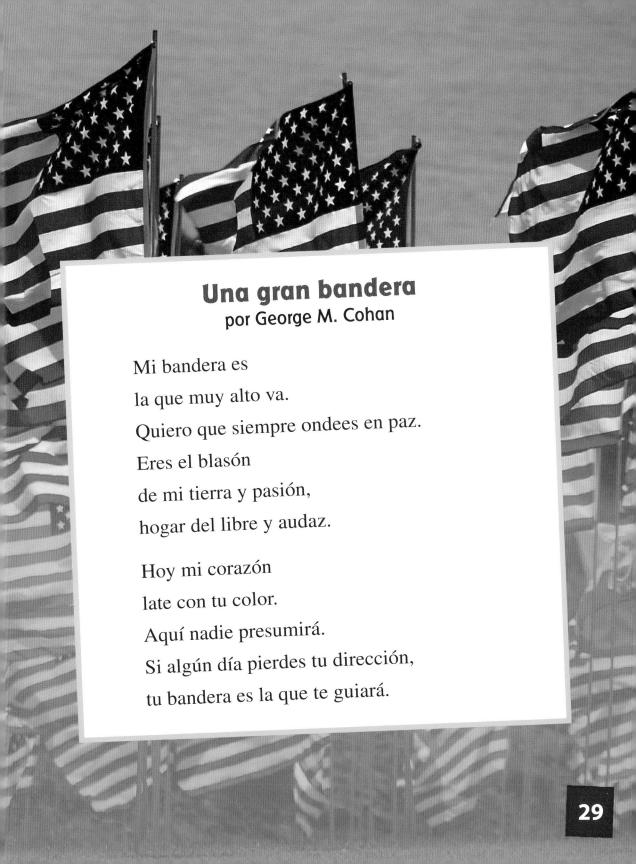

Una gran bandera
por George M. Cohan

Mi bandera es

la que muy alto va.

Quiero que siempre ondees en paz.

Eres el blasón

de mi tierra y pasión,

hogar del libre y audaz.

Hoy mi corazón

late con tu color.

Aquí nadie presumirá.

Si algún día pierdes tu dirección,

tu bandera es la que te guiará.

Glosario

candidatos: personas por las que los ciudadanos votan en una elección

castigos: penas impuestas por hacer algo malo

ciudadanos: miembros de un país o lugar

consecuencias: resultados o efectos de las acciones y elecciones que hace una persona

elecciones: el acto de votar por los líderes

multa: dinero pagado como castigo por hacer algo malo

patrióticos: que sienten orgullo por su país

símbolos: cosas que representan a otras

transporte: autos, camiones, autobuses y otros vehículos en movimiento

votan: eligen en una elección

Índice analítico

¡Tu turno!

Lidera el camino

Estas niñas se reúnen con un líder de su ciudad.
Los niños también pueden ser líderes. Haz una lista de
algunas maneras en que los niños puedan ser líderes.
Comparte tu lista con un amigo o con un miembro de tu
familia.